ANIMA MUNDI

O MUNDO COMO PACIENTE

SILVIA E. F. GRAUBART

coleção simplificando

SATTVA EDITORA

AJB
ASSOCIAÇÃO JUNGUIANA DO BRASIL

contato@sattvaeditora.com.br
www.sattvaeditora.com.br

Editora: **Vivian Lerner**

Revisão: **Olenka Franco**

Projeto gráfico, diagramação
e capa: **Luiz Zonzini**

Dados Internacionais de Catalogação na Publicação (CIP)
Agência Brasileira do ISBN - Bibliotecária Priscila Pena Machado CRB-7/6971

G774 Graubart, Silvia E. F.
Anima mundi : o mundo como paciente / Silvia E. F. Graubart. – São Paulo : Sattva Editora, 2018.
72 p. ; 15cm. – (Simplificando ; 2).

Inclui bibliografia.
ISBN 978-85-67977-33-1

1. Psicologia Comportamental. 2. Psicologia analítica. 3. Sistema Junguiano. 4. Subjetividade. 5. Realidade. I. Título.

CDD 158.1

ANIMA MUNDI

O MUNDO COMO PACIENTE

SILVIA E. F. GRAUBART

SATTVA editora

AJB
ASSOCIAÇÃO JUNGUIANA DO BRASIL

2018 · 1ª edição

ÍNDICE

Apresentação da Coleção Simplificando 7

Pra Começo de Conversa 9

Entrelaçamento Profundo 10

Capítulo 1
O mundo como paciente 12

Reinvenção do nosso ofício 13

Capítulo 2
A alma do mundo 16

Subjetividade x realidade psíquica 19

Anima mundi na obra de Jung 21

Os pós junguianos 22

Lentificação em vez de aceleração 23

Capítulo 3
Tudo começou com os neoplatônicos 27

Capítulo 4
Níveis de inconsciente 30

Inconsciente pessoal 30

Inconsciente coletivo 31

Conexão direta com o mundo 32
Alma 34

Capítulo 5
Uma reflexão culturalmente imaginativa 38
A conjunção homem-mundo 42

Capítulo 6
Relato mítico 45
Sofia e a criação do mundo 48
Sofia mantida no exílio 48
Literalizações 49
A justa medida e o equilíbrio 51

Capítulo 7
Pulsações de uma leitura almada 53
Incertezas 55

Capítulo 8
Considerações finais 60
Empatia com o mundo visível 62

Referências Bibliográficas 65

APRESENTAÇÃO DA COLEÇÃO SIMPLIFICANDO

O Departamento de Publicação da Associação Junguiana do Brasil - AJB, disposto a seguir semeando as ideias de Jung, criou, em parceria com a Sattva Editora, a ***Coleção Simplificando***.

Trata-se de uma coletânea de livretos que versam acerca dos pressupostos básicos da Psicologia Analítica, buscando oferecer textos acessíveis, capazes de comunicar com qualidade e precisão, temas complexos da psicologia junguiana.

Objetiva levar o conhecimento vivo aos leitores não especializados, aproximar o pensamento profundo da psicologia analítica, da vida de todos os dias das pessoas, de acordo com o expresso desejo de Carl Gustav Jung. Ao final de sua vida, Jung voltou seu interesse às necessidades de autoconhecimento e reflexão das pessoas, sempre individual e coletivamente.

Cada volume trará um tema específico da abordagem analítica do psiquiatra suíço Jung, buscando alcançar o leitor comum e não somente os profissionais e estudantes do campo da psicologia.

Como grande pensador do século XX e visionário do século XXI, Jung tem ainda muito a contribuir para que se possa enriquecer o valor do diálogo humano, potencializando a autoconsciência, a empatia e o entendimento da nossa relação com o mundo. O saber, nos diz ele, é comunitário e somente assim adquire sentido.

Rosa Maria Brizola Felizardo
Associação Junguiana do Brasil

PRA COMEÇO DE CONVERSA

Como iniciar a escrita do pequeno volume que você tem em mãos sem revisitar minha própria história pessoal? O enredo que se inicia tanto ajuda a entender aspectos significativos do meu percurso, como mostra que a alma do mundo se fez presente em minha vida, desde sempre.

As famílias Lerner e Faibischew (meu nome familiar de origem) tiveram o primeiro encontro expressivo nos anos 50, quando Rachel, minha falecida irmã, integrava um grupo sionista de jovens, muito difundido na época, e um dos únicos a sobreviver até hoje – o *Hashomer Hatzair*. Fundado em 1913, este agrupamento de pessoas marca presença em mais de 20 países ao redor do mundo e só no Brasil tem braços no Rio de Janeiro, São Paulo, Florianópolis e Brasília, totalizando aproximadamente 300 membros.

Pouco significativo nos dias atuais. Mas nos anos 50, agregava um número bem maior de jovens, entre os quais Júlio Lerner, cuja presença distinguia-se pela oratória e entusiasmo, atributos que lhe garantiram espaço considerável no jornalismo escrito e televisivo da época. As imagens o capturavam, assim como o amor pelo bom texto. E foram exatamente essas características que nos puseram em contato, quando eu concluía a faculdade de Jornalismo na FAAP – Fundação Armando Álvares Penteado. Ele professor, eu aluna dedicada, especialmente aos laboratórios de escrita, rádio e TV.

Julinho, como era carinhosamente chamado pelos alunos, tinha um físico, um coração e uma sensibilidade enormes. Acreditou no potencial de vários colegas que levou para estagiar na TV Bandeirantes. Eu estava entre esses privilegiados e Júlio foi meu primeiro mentor, até sua ida para a TV Cultura.

Éramos fascinados pelo jornalismo e seguíamos atrás de histórias, imagens e inquietações do mundo literal, que retratávamos no nosso dia-a--dia de trabalho.

Entrelaçamento profundo

Não fossem essas pessoas, talvez Vivian (filha do Julinho e fundadora da Editora Sattva) e eu nunca teríamos a oportunidade de entrelaçar nossas histórias. Quem sabe nunca identificaríamos sentimentos e preocupações coletivas em comum. O que estaria por trás desses encontros? Que conexões são essas, ou num nível mais profundo, o que permite que pessoas de idades tão diferentes se tornem próximas umas das outras? Envolvam-se com assuntos semelhantes? Se interessem por questões parecidas? A única resposta que me parece possível tem a ver com a esfera suprapessoal de nosso psiquismo.

Capítulo 1

O MUNDO COMO PACIENTE

Nunca o planeta viveu tanto desenvolvimento científico e tecnológico; no entanto, as promessas de abundância, justiça, paz e igualdade social estão longe de ser alcançadas.

Já na segunda década do terceiro milênio, podemos perceber que o modelo de desenvolvimento adotado a partir do século XVIII levou a alma do mundo a adoecer. Sintomas de sua enfermidade não faltam: desigualdades sociais, violência, destruição, sofrimento dos oceanos e rios, distúrbios climáticos, cidades feias, solos esgotados e escassez de água, só para citar alguns. Essas constatações inquestionáveis deveriam nos levar a perceber que não podemos passar pelo mundo apenas em proveito próprio, pois acabamos destruindo nossa alma, como quem pretende salvá-la.

Disse o escritor e poeta inglês D. H. Lawrence, no início do século XX, ou seja, quase um século atrás, que "não precisamos de uma arca particular que atravesse tempestades porque a *anima mundi* está afundando como uma barcaça lotada de lixo". Minha constatação com o passar dos anos e alguma leitura sobre o assunto é que existe um outro lado no sofrimento, além daquele que sentimos pessoalmente. E para cada coisa que nos sentimos atraídos há um mito subjacente, uma história maior que nós mesmos, que revela a essência do trabalho com o qual estamos envolvidos.

Isso só foi possível porque pude contar com o estímulo e o apoio de mestres como Carl Gustav Jung, James Hillman e inúmeros outros continuadores da psicologia arquetípica, que me ajudaram a perceber a importância do mundo e da cultura na natureza das crises que enfrentamos hoje e das direções que precisamos tomar para tentar alterar esse estado de coisas.

Reinvenção do nosso ofício

Não são poucos os autores que assinalam a necessidade de ampliar o modelo de psicologia até então praticado, a partir de Jung, com um novo olhar. Melhor: com a inversão de valores e o resgate de uma sensibilidade voltada para os pressupostos da Renascença, podemos promover um renascimento do romantismo, uma volta à alquimia medieval e ao neoplatonismo. Ou, retrocedendo ainda mais no tempo, caminhar em direção a uma retomada do antigo Egito e das psicologias animistas tribais, que se preocupam, especialmente, não com as individualidades, mas com a alma das coisas (ecologia profunda, como agora é chamada a preocupação ambiental).

O descaso pelo meio ambiente – o corpo do mundo – é só uma parcela da nossa insanidade pessoal. É preciso devolver a saúde ao corpo do mundo, pois nesse corpo também está sua alma. E a nossa.

Quando Jung afirma que qualquer tomada de consciência consiste no gérmen de uma cosmovisão (*Weltanschauung*), e que todo aumento de experiência e conhecimento significa um passo a mais no desenvolvimento de uma nova visão de mundo, a incorporação deste novo acaba modificando tudo o que diz respeito ao indivíduo. Jung escreve que "o melhor conhecimento possível exige saber, detesta suposições infundadas, afirmações arbitrárias e opiniões autoritárias, mas procura a hipótese bem fundada, sem esquecer que qualquer saber é limitado e está sujeito a erros".

Ao afirmar que nossa alma também interage com o corpo do mundo, nem de longe pretendo excluir ou reduzir a importância do trabalho com a alma individual. Como psicoterapeutas, nosso objetivo não é estabelecer uma linha direta entre causa e efeito (sejam eles de que naturezas forem), mas enxergar um segundo sentido de alma inclusive nos fenômenos do mundo para caminhar na direção de algo que possa nascer do aprofundamento – a consciência de que as qualidades internas do mundo externo são plenas de significado. Melhor dizendo: abrir as questões da vida para uma reflexão transpessoal, conectando "a vida do passado, ainda existente em nós, com a vida do presente, se este ameaçar furtar-se àquele", como Jung não cansou de afirmar em vários momentos de sua obra.

Capítulo 2

A ALMA DO MUNDO

Vamos fazer um exercício de imaginação. Não localizaremos a *anima mundi* nem acima do mundo que nos circunda, como uma emanação divina e remota do espírito – um mundo de poderes, arquétipos e princípios transcendentes às coisas – nem dentro do mundo material com seu princípio de vida unificador, panpsíquico.

Em vez disso, que tal imaginarmos a *anima mundi* como aquele lampejo de alma especial, aquela imagem seminal que se apresenta por meio de cada coisa em sua forma visível? A partir dessa apresentação, a alma do mundo apontará as possibilidades animadas oferecidas em cada evento como ele é, seu aspecto sensorial como um rosto revelando sua imagem interior. Simplificando: vamos imaginar a disponibilidade da alma do mundo para a imaginação por sua presença como uma realidade psíquica.

A psicologia de C.G. Jung mostra muito claramente essa preocupação em se compreender o mundo e não somente nos limitarmos aos restritos e tênues limites do ego ou da subjetividade.

Mas foi com as ideias de James Hillman e da psicologia arquetípica que o conceito de um mundo almado ganhou corpo, tornou-se mais claro. Hillman fala de uma alma abrangente, para fora e para além de nosso crânio e pele, para além das fronteiras do eu, para além de nossas relações intra e interpessoais, para além até mesmo do mundo enquanto meio ambiente ecológico ou campo projetivo.

Se conseguirmos entender essa proposta estaremos diante de uma ampliação da noção usual de realidade psíquica, que separa sujeitos animados de objetos inanimados, para resgatar a visão animista, presente em inúmeras culturas chamadas primitivas, que sempre reconheceram alma em todas as coisas. Esta consciência dos e nos objetos, prestigiada pela filosofia neoplatônica, pelo humanismo e romantismo, pelo coletivo em Jung e por grandes poetas, foi absolutamente desconsiderada pela noção de mundo cartesiana, pós-iluminista, que determinou o assassinato da alma das coisas.

Ao olharmos para as várias crises que o mundo atravessa percebemos um sofrimento, cuja projeção sobre nós acaba nos afetando. Não se trata de projeção no sentido comum do termo, mas projeção no sentido alquímico, como se essa imagem pudesse evocar uma imagem similar, um correlato no próprio mundo. Ao enxergarmos o sofrimento do mundo com um olho imaginativo, as situações recuperam vida e alma e prestam testemunho de si mesmo através das imagens que oferecem. Então, podemos encontrar sua profundidade, bastando, para tanto, explorar o entrelaçamento e a complexidade dessas imagens.

Essa visão ampliada da realidade psíquica desloca a reflexão mental para a compreensão metafórica, psicológica, possibilitando redescobrir e adjetivar as características fisionômicas que o mundo apresenta, para estabelecer com elas a intimidade necessária à sua compreensão. Afinal, se esse é o nosso fazer dentro dos limites estritos do consultório, por que não imaginarmos uma conversa com a alma do mundo e suas aflições?

Subjetividade x realidade psíquica

Se a visão moderna de mundo confina a ideia de subjetividade às pessoas, e somente a elas é permitido ser sujeito, agente, ter consciência e alma, entronizando a supremacia do ego, tudo que não está no corpo humano vivo é uma transferência do que está dentro para o que está fora projetivamente. Fugir a esse raciocínio, validando as qualidades interiores das coisas do mundo é um pensamento aceito apenas nas crianças, nos loucos e poetas, pois o homem, colocado no centro do universo, enxerga tudo o que esteja fora dele como projeção ou patologia.

Essa tentativa de ampliar a noção de realidade psíquica, resgatando a alma das coisas, empurra a subjetividade, como morada do ego, precipício abaixo. E a visão racional que divide o mundo em objetos e egos, animação e inanimação, vida e morte, dá lugar a um modo de "experimentar o mundo como um campo psicológico, onde as pessoas são dadas com os eventos, assim como os eventos são experiências que nos tocam, nos movem, nos chamam".

Precisamos entender o homem também fora do consultório, e ouvir o que ele traz do mundo que o atinge, para enxergar a patologia que nos assombra a cada esquina. Tratar essas imagens com o mesmo cuidado com que fazemos do *setting* terapêutico um lugar sagrado. Por mais que a gente se esforce para minimizar as dores individuais com o cultivo da alma, somos todos afetados pelas aflições da alma do mundo.

Jung baseia-se no pensamento filosófico de Agrippa de Nettesheim para afirmar que "este espírito que 'penetra todas as coisas', isto é, dá forma a todas as coisas, seria a alma do mundo", uma espécie de vida única que enche todas as coisas, penetra todas as coisas, liga e mantém unidas todas as coisas, fazendo com que a máquina do mundo inteiro seja uma só...

A psique como *anima* mundi, a alma neoplatônica do mundo, já está dada junto com o mundo, de tal forma que uma das tarefas da psicologia é escutá-la falando através de todas as coisas do mundo, recuperando assim o mundo como lugar da alma.

Seus sintomas denunciam um sofrimento que também é nosso. Por isso, é para eles que precisamos nos curvar a fim de refletir sobre as tragédias, possibilidades, perspectivas, desequilíbrios, sonhos e angústias que o afligem, para tentarmos alterar o que acontece a ele e reduzir seus reflexos sobre nós. Essas dores são como feridas abertas, mostrando que a *hybris* é inseparável de *nêmesis* e, quando a questão dos limites é ignorada, tanto a avidez quanto a arrogância são punidas por seus próprios excessos.

O mundo mostra-se insensível aos seus cidadãos. A violência, a criminalidade das ruas, a poluição do ar, dos rios, o tráfego congestionado, os abusos retratam um mundo que marca sua presença pelo sofrimento.

Anima mundi na obra de Jung

As ideias de multiplicidade, mobilidade, fluidez e interconexão com a psique coletiva sempre estiveram presentes no pensamento de Jung, entretanto, só no último parágrafo de sua biografia *Memórias, Sonhos, Reflexões*, ganharam uma dimensão maior e mais explícita. Jung diz de uma forma extremamente poética que a idade lhe acrescentou muitas coisas: “as plantas, os animais, as nuvens, o dia e a noite e o eterno no homem”. Quanto mais se acentuou a incerteza em relação a ele mesmo, mais aumentou seu sentimento de parentesco com as coisas. É como se essa estranheza que há tanto tempo o separava do mundo tivesse agora se interiorizado, revelando-lhe uma dimensão desconhecida e inesperada dele mesmo.

Jung refere-se a essas questões em vários momentos de sua obra. Em *Psicologia e Alquimia*, por exemplo, diz que "a ideia da *anima mundi* coincide com o conceito de inconsciente coletivo, cujo centro é o Si-mesmo". E ao escrever sobre sincronicidade, em 1950, comenta que as almas individuais originadas da alma universal do mundo se acham ligadas por uma relação mútua de simpatia ou antipatia, na qual a distância não exerce nenhuma influência (...)

Da mesma forma que as diversas partes de um organismo vivo atuam simultaneamente, numa harmonia recíproca e significativa, assim também os acontecimentos do mundo se acham mutuamente numa relação significativa, que não pode ser deduzida da causalidade imanente. Eles se atraem e se repelem o tempo todo.

Os pós-junguianos

Ao reconhecer a importância da confissão tardia de Jung, especialmente pela influência que ela exerce nos continuadores de sua psicologia, outro autor que me vem à mente é Robert Sardello.

No livro *No Mundo com Alma,* redigido com a técnica literária epistolar, ou seja, através de cartas, ele compõe seu estudo sobre economia, dinheiro, tecnologia, alimento e violência, afirmando logo na primeira carta que a sabedoria da alma refere-se ao desenvolvimento da capacidade de autoconhecimento, em conjunção com um senso objetivo de interioridade em tudo o que acontece no mundo. A capacidade para essa nova conjunção conduz a uma outra consciência de imagem que vê por meio, que enxerga através das imagens e acontecimentos, tanto interiores quanto exteriores, descobrindo uma circulação entre eles, na qual acontece uma constante recriação de ambos, ser humano e mundo.

Lentificação em vez de aceleração

Devemos ficar atentos a este universo em transição e, ao lado de outros estudiosos como Ginette Paris, Wolfgang Giegerich e Erwin Laszlo, supor como possível saída para essa desconfortável situação, uma necessária e radical desaceleração do mundo, que limite o apetite por acontecimentos, reduza o expansionismo da civilização, desenterre a qualidade das coisas e estabeleça com elas uma relação de intimidade. Essa lentificação atualizaria o sentido de autolimitação e o senso da justa medida, lançando rasgos de luz na densa escuridão revelada pelos dados estatísticos. É impossível contestar, esconder ou deixar de ver a sombra da exclusão que se estabelece na relação do homem com o mundo.

Precisamos ampliar nosso olhar com um paradigma alternativo ao reducionismo: o bosque e não as árvores, porque como Einstein afirmou, não conseguimos resolver nossos problemas com o mesmo jeito de pensar que determinou esses mesmos problemas.

A proliferação de edifícios, que Sardello qualifica como anoréxicos; as obesas lojas de departamento que ocupam vários andares e nada menos que quarteirões inteiros e as superdefensivas e imponentes residências blindadas, verdadeiras fortalezas indevassáveis escamoteando a fartura de poderosos, contrapõem-se às centenas de comunidades que proliferam suspensas agressivamente nas encostas dos morros, desafiando a lei da gravidade.

E o consumo maníaco? Seria a satisfação instantânea dos desejos, a liquidez no descarte de objetos, ou o sentimento de euforia que afeta todo cidadão ao comprar e não pagar porque faz uso abusivo do dinheiro de plástico conhecido como cartão de crédito? E o descarte irrefletido de individualidades, rejeitadas e afastadas... literalmente jogadas fora, antes mesmo que se pare para descobrir a importância de suas presenças em nossas vidas?

Mais: o que falar das águas de março, da canção de Jobim, que não estariam fechando apenas o verão, mas expondo centenas de milhares de pessoas a avalanches de desgraças? Ainda e cada vez mais, elas apontam para o que observamos como desmoronamento da ética, desrespeito aos valores que marcam a dignidade das famílias e reforçam nossa vulnerabilidade a misérias, doenças, violência, isso sem falar das enchentes, do lixo, dos bueiros entupidos – nossos canais de escoamento impossibilitados de cumprir suas funções tanto literal, quanto metaforicamente.

E os tiros perdidos sacrificando impunemente seres indefesos ou, ao contrário, personalidades que se fazem destacar por opiniões em prol da tolerância, da defesa das singularidades – marcas registradas de legítimas manifestações alternativas de cidadania?

Essas imagens falam de uma alma doente, apresentando sintomas que escancaram sua patologia. Qual a origem desses sintomas? Como definir um foco para que essa gigantesca e avassaladora falta de equilíbrio nos desperte da imóvel perplexidade? Esse olhar perplexo talvez seja a expressão máxima que conseguimos exibir, reagindo às atrocidades cometidas em nome da manutenção de valores conservadores e excludentes. Qualquer estudioso do comportamento e da natureza em visita ao Brasil – o país abençoado por Deus e bonito por natureza – ao entrar em contato com esses contrastes, na certa descreveria com palavras muito semelhantes nossa realidade visível.

Não é possível que essa realidade esteja revelando apenas nossa situação exterior, ou refletindo apenas a alma individual em suas inquietações. Essas imagens não estariam mostrando também que a alma individual está intimamente ligada à alma do mundo?

Capítulo 3

TUDO COMEÇOU COM OS NEOPLATÔNICOS

Captar as verdades arquetípicas que mostram a realidade literal é o primeiro passo para compreender a situação atual do mundo, contrapondo-a com a qualidade atemporal do arquétipo. Essa atitude tipicamente junguiana inicia-se com Heráclito, passa por Plotino, Ficino e Vico, cujos pensamentos filosóficos apresentam inúmeras correspondências com as ideias da psicologia analítica e da vertente arquetípica.

Eles postulam que o homem pode agir inconscientemente, sua consciência é móvel – "os processos psíquicos se comportam como uma escala da qual a consciência desliza"; esta consciência é múltipla – "as *scintillae* são luminosidades germinais que brilham de dentro da escuridão do inconsciente". Esta consciência flui em todas as direções como a alma universal, traz consigo o potencial de todas as coisas e, assim como acontece com a alma universal, esse potencial só se torna verdadeiro a partir do conhecimento de que a alma individual é um reflexo da psique coletiva universal e não um ego isolado: "a alma do mundo é uma força natural, responsável por todos os fenômenos da vida e da psique". Eles afirmam também que esta consciência depende da imaginação, cujo papel é central: "todo processo psíquico é uma imagem e um imaginar".

Três filósofos da cidade de Mileto – Tales, Anaximandro e Anaxímenes – deram origem a dois conceitos primordiais para entender a *anima mundi: physis* (em latim, *natura*), termo profundamente ambíguo e rico em amplificações: fonte, origem ou linhagem de algo; a natureza de alguma coisa; o poder gerador implícito na natureza e também uma unidade orgânica inata – a ordem regular – que se contrapõe à nossa capacidade de inventar. O outro conceito é *arché*: o que está na frente, começo, princípio, a *prima materia* da Alquimia, da qual derivaram as palavras arqueologia, arquétipo, arcaico, arquitetônico, arquibancada, arquipélago. A palavra *physis* tem origem na raiz do verbo grego *pheo*, que quer dizer crescer. Assim, na Grécia antiga, Deus e *physis* eram mencionados a um só tempo, ambos com poder de criar e fazer as coisas crescerem. *Physis* como o próprio Deus do universo.

O assim chamado neoplatonismo é um aperfeiçoamento do pensamento filosófico grego, com matizes bem mais originais (e atuais) do que o pensamento platônico. É direcionado para os aspectos espirituais e cosmológicos desse pensamento, sintetizando o platonismo com a teologia egípcia e judaica. No entanto, os neoplatônicos se consideravam simplesmente platônicos, e a distinção moderna é devida à percepção de que sua filosofia continha interpretações suficientemente originais para torná-la substancialmente diferente do que Platão escreveu. Pensadores da escola neoplatônica relacionaram seus pensadores com outras escolas intelectuais. Por exemplo, certas vertentes do neoplatonismo influenciaram pensadores cristãos, enquanto o pensamento cristão influenciou filósofos neoplatônicos.

Capítulo 4

NÍVEIS DE INCONSCIENTE

Quando falamos de inconsciente, o máximo que podemos estabelecer é uma divisão exclusivamente didática entre inconsciente pessoal e inconsciente coletivo. Com essa premissa muito clara, é possível postular que o inconsciente pessoal seja a camada superficial do inconsciente, mais próxima da consciência e, portanto, adjacente ao ego.

Inconsciente pessoal

O inconsciente pessoal está relacionado com as questões específicas da vida do indivíduo que foram reprimidas ou rejeitadas pela consciência. Podem ser lembranças, memórias embaraçosas, sentimentos nem sempre acessados com facilidade, mas quase sempre responsáveis por enormes impactos na consciência. Estes sentimentos são armazenados no inconsciente pessoal e, mesmo que a pessoa seja incapaz de recuperá-los, podem se manifestar na forma de sonhos e reações incomuns para eventos diários. Isso enfatiza que o inconsciente pessoal é exclusivo para cada indivíduo, dependendo de suas experiências de vida. Parte desses conteúdos que foram rejeitados não atenderam aos ideais da consciência, são incompatíveis com a moralidade do indivíduo ou discordantes do contexto social. Ou seja: destoam dos objetivos da consciência e, assim relegados ao inconsciente, tornam-se separados do contato com o ego.

Inconsciente coletivo

Já o inconsciente coletivo é formado pelos conteúdos representados pelos arquétipos, que são compartilhados com outras culturas e outros seres humanos. Jung afirma que a criança ao nascer já traz, como potencial, a capacidade de atualizar esses arquétipos de acordo com suas vivências no mundo das relações. Ocorre uma interação entre a disposição arquetípica interior e seu contato como o mundo externo. A partir dessa interação, vão se compondo os complexos, que, por sua vez, integram aquilo que se chama inconsciente pessoal.

Como herança da evolução da humanidade, nascendo novamente na estrutura do cérebro de cada indivíduo, mostram que evolução e hereditariedade determinam a linha de ação da psique, assim como acontece com o corpo físico.

O homem está ligado ao seu passado pessoal, ao passado de sua espécie e à longa cadeia de evolução orgânica, depósito das imagens primordiais, que se referem ao mais primitivo e ao mesmo tempo mais sofisticado desenvolvimento da psique. Herdamos essas imagens do passado ancestral, que inclui os nossos antecessores humanos, pré-humanos e animais. São predisposições ou potencialidades no modo de experimentar e responder ao mundo tal como os nossos antepassados.

Os conteúdos do inconsciente coletivo ativam padrões pré-formados de comportamento pessoal, com que a pessoa entrará em contato e seguirá desde o seu nascimento.

Conexão direta com o mundo

Diz Jung que o inconsciente coletivo é tudo menos um sistema pessoal encapsulado, é objetividade ampla como o mundo e aberta ao mundo.

Eu sou o objeto de todos os sujeitos, numa total inversão de minha consciência habitual, em que sempre sou sujeito que tem objetos. Lá estou eu na mais direta ligação com o mundo, de forma que facilmente esqueço quem sou na realidade. 'Perdido em si-mesmo' é uma boa expressão para caracterizar esse estado. Este si-mesmo, porém, é o mundo, ou melhor, um mundo, se uma consciência pudesse vê-lo. Por isso, devemos saber quem somos, de onde viemos, que trajetória individual nos está reservada e como os laços dessa história estabelecem conexões invisíveis com o que temos afinidade.

Quanto mais nos tornamos conscientes de nós mesmos, através do autoconhecimento, atuando consequentemente, tanto mais se reduzirá a camada do inconsciente pessoal que recobre o inconsciente coletivo. Desta forma começa a emergir uma consciência livre do mundo mesquinho, suscetível e pessoal do eu, uma consciência aberta para a livre participação de um mundo mais amplo de interesses objetivos. Essa consciência ampliada não é mais aquele novelo egoísta de desejos, temores, esperanças e ambições de caráter pessoal, que sempre devem ser compensados ou corrigidos por contratendências inconscientes;

tornar-se-á uma função de relação com o mundo dos objetos, colocando o indivíduo numa comunhão incondicional, obrigatória e indissociável com o mundo em geral.

Não seria apenas difícil, mas literalmente impossível, destacar aleatoriamente um pedacinho desse campo infinitamente vasto da vida da alma, e estabelecer, daqui para frente, um espaço reservado a uma coisa chamada psicoterapia.

O mundo é uma realidade que transcende a pessoa, e uma psicologia essencialmente personalista nunca poderá lhe fazer justiça. Este tipo de psicologia só vale até onde vai o aspecto pessoal do ser humano. Mas, na medida em que o homem também é um pedaço do mundo, ele traz o mundo, isto é, algo de suprapessoal ou de impessoal dentro de si.

Alma

É a partir de uma afirmação de Jung em seu livro "Tipos Psicológicos", onde situa a alma como um terceiro lugar entre as perspectivas do corpo e da mente, que Hillman irá sustentar que a psicologia arquetípica se baseia na alma, isto é, ela é um *esse in anima*, um estar na alma.

Livre das tentativas de aprisionamento pelos métodos das ciências naturais, da metafísica, das psicologias das percepções e das bases bioquímicas, a alma sustenta-se na imaginação e revela o que James Hillman denominou a base poética da alma.

Privilegiar a alma significa retornar às imagens, pois é assim que a psique se apresenta espontaneamente. Imagens são os dados básicos da vida psíquica, o modo privilegiado de acesso ao conhecimento da alma. Nada é mais primário na psique do que as imagens, que configuram a psique na sua visibilidade imaginativa, conforme Jung nos ensina quando afirma que "todo processo psíquico é uma imagem e um imaginar".

Realmente, é impossível cuidar da alma, isolando umas partes do resto. Nos distúrbios psíquicos, talvez apareça com maior clareza do que nas doenças físicas que a alma é um todo, onde tudo depende de tudo. Com a sua neurose, o doente não nos põe em presença de uma especialidade, mas de toda uma alma, e com ela, de todo um mundo; essa alma depende dele, e sem ele nunca será possível entendê-la satisfatoriamente. É por isso, talvez, que a psicoterapia tenha menos condições que qualquer outro campo especializado, de refugiar-se no domínio sacrossanto de uma especialidade, que, por assim dizer, já nada tem a ver com a vastidão do mundo que está aí. Por mais que tentemos concentrar-nos no mais pessoal da pessoa, a nossa terapia não teria sentido sem a pergunta: de que mundo vem o nosso paciente e a que mundo ele deve ajustar-se?

Essa conexão desconhecida, mas passível de experiência, entre a psique e a matéria, Jung chama de aspecto psicóide do arquétipo – um conceito aplicável virtualmente a qualquer arquétipo, que se refere a um nível do inconsciente que é completamente inacessível para a consciência e se constitui como o elo psíquico/orgânico expresso na forma de uma conexão mente/corpo.

Um arquétipo pode ser representado como um espectro, estendendo-se de um polo instintivo, fisiológico, "infravermelho", para um polo espiritual ou imagístico, "ultravioleta", abarcando os dois polos que podem ser experimentados e apreendidos através de um ou do outro. As abordagens biológicas do arquétipo podem ser caracterizadas como "infravermelhas" e as mitológicas ou imaginais, como "ultravioletas".

Exatamente nessa dimensão psicóide do arquétipo, posso supor que a alma do mundo deixe entrever seus dramas: nessa dimensão seleciona os fios que compõem tramas significativas, que reconectam pessoas, afetos; é onde as histórias de vida se entrelaçam, os temas específicos vinculam experiências pessoais com a riqueza ancestral.

Abolindo a separação entre psique e mundo, podemos intuir sua paradoxal aplicabilidade tanto às ciências espirituais quanto às ciências naturais. Podemos entender também porque a psicologia profunda pertence a ambos os campos e tem implícito o potencial de nos tornar aquilo que realmente somos.

Capítulo 5

UMA REFLEXÃO CULTURALMENTE IMAGINATIVA

> *- O inferno dos vivos não é algo que será; se existe, é aquele que já está aqui, o inferno no qual vivemos todos os dias, que formamos estando juntos. Existem duas maneiras de não sofrer. A primeira é fácil para a maioria das pessoas: aceitar o inferno e tornar-se parte deste até o ponto de deixar de percebê-lo. A segunda é arriscada e exige atenção e aprendizagem contínuas: tentar saber reconhecer quem e o que, no meio do inferno, não é inferno, e preservá-lo, e abrir espaço.*
>
> *Ítalo Calvino*

Toda psicologia, o estudo ou a ordem (*logos*) da alma (*psyche*), assume um compromisso com a profundidade. Ao lidar com estados internos – emoção, fantasia, sentimento e imagens – ou seja, com alma, que desde Heráclito foi definida como incomensuravelmente profunda e não localizada: "limites da alma não encontrarias, nem todo o caminho percorrendo, tão profundo logos ela tem" (fragmento 45) – a psicologia não pode se apartar dos dilemas planetários, pois, uma vez que a alma não tem limites definidos, também permeia o mundo das coisas, como *anima mundi*.

Ora, "se o homem é constituído da mesma natureza que o mundo, a aproximação do eu profundo ao inconsciente coletivo (Jung) e ao id (Freud) nada mais é do que a aproximação ao mundo natural, orgânico e inorgânico". Esta afirmação de Theodore Rosnak no livro *A Voz da Terra,* título citado por Hillman no artigo *Uma Psique do Tamanho da Terra* é uma declaração de que "o mais profundamente coletivo e inconsciente ego é o mundo natural material".

Portanto, podemos considerar arbitrária a ruptura que se faz entre ego e mundo natural, aspecto que permite abrir a prática terapêutica a novas considerações. Ao se desfazer a dicotomia sujeito-objeto, as circunstâncias que influenciam os acontecimentos ganham primazia, permitindo propor que a *anima mundi* seja a interconexão mítica e filosófica que imprime características determinantes a tudo o que acontece no mundo. Essa ideia resgata a ancestral tradição helênica, na qual tanto o indivíduo possui alma – uma essência interior que dá significado e propósito à vida – quanto o mundo é dotado de alma – um destino que se cumpre nos acontecimentos diários.

Assim, a psicologia pode conectar-se também a essa esfera maior, porque a profundidade da alma não reside apenas em nós; está na natureza, no planeta, mesmo que a tendência corrente seja considerar tudo em termos de relacionamentos pessoais.

No entanto, ainda são poucas as incursões nesse terreno, pois o que se percebe é uma psicologia omissa às angústias do planeta, mesmo que essas angústias sejam internalizadas como problemas psicológicos individuais. Essa constatação apenas atesta a exacerbação da noção de subjetividade, que fica aprisionada exclusivamente no homem.

Apesar da separação entre sujeito e mundo ser necessária para a própria construção do eu e para delimitar um dos campos de atuação da psicologia, este campo não é o único. Como um avanço da ciência, é necessário apreciar que os desastres pelos quais o mundo está passando são tão devastadores quanto os cometidos contra nossa subjetividade, merecendo, portanto, toda a nossa atenção. Isso significa dizer que, para entender as doenças da alma dos pacientes, forçosamente temos que nos voltar para o sofrimento do mundo.

Pobreza, racismo, consumismo, violência, perseguições étnicas, raciais e homoeróticas e todas as demais catástrofes que observamos diariamente nos quatro cantos do planeta mostram que há problemas demais vivendo e respirando dentro de cada um de nós, influenciando-nos profundamente como indivíduos e como cultura.

Podemos sentir esses laços, descobrindo como eles nos afetam para, então, desenvolver novas intimidades com o que foi tido como inoperante. A personalidade do mundo das coisas não é mera projeção das nossas próprias fantasias se pudermos olhá-la com uma imaginação refinada. A natureza, a arquitetura, a política, a economia, a tecnologia, os transportes, enfim todos os aspectos relacionados com o mundo que nos cerca são ricos em fantasias que estão além de nossas projeções. A respeito de imaginar e fantasiar, Jung diz que não é pouca a importância da fantasia (...) e o poder da imaginação, com sua atividade criativa, que liberta o homem de sua pequenez, do ser 'só isso', e o eleva ao estado lúdico.

A psicologia arquetípica tenta validar esse imaginário, sem focar a alma do mundo por mero prazer de analisá-la ou compreendê-la, mas para recuperar seu "corpo", de modo a podermos nos tornar mais cientes de como somos afetados.

A conjunção homem-mundo

Jung enfatiza que as mudanças no mundo exterior devem, necessariamente, começar no interior do indivíduo, pois tornando-nos mais conscientes no nível individual, estaremos contribuindo, também, para o incremento da percepção consciente do mundo. O ponto de vista arquetípico percebe alma em todas as coisas e, de certa maneira, amplia a perspectiva junguiana, ao buscar no mundo externo qualidades de interioridade, oferecendo-nos, assim, novas respostas amparadas no inseparável entrelaçamento entre indivíduo e mundo.

Cuidando do mundo também estamos cuidando de nós mesmos.

No ensaio *In*, publicado pela revista *Spring*, edição 63, de 1998, Hillman fala das dimensões, do tamanho, forma e lugar das pequenas coisas na análise, explorando as mais variadas possibilidades contidas nas analogias com o prefixo da língua inglesa *in* e sua importância para a psicologia profunda. Ele diz que o *locus* das preocupações psicanalíticas desde o início foi com a topografia e a dinâmica interior das regiões, figuras e forças, memórias e sentimentos, voos e complexos, tudo aquilo que se imagina ser interno, interior, dentro.

Hillman fala sobre o vaso analítico e a relação com o paciente *in-side,* ou seja, dentro de quatro paredes: o cultivo da alma em um espaço definido, no qual ambos se curvam para o inconsciente.

Ele mesmo vai além, seguindo os passos de Jung, apontando que o destino da psicologia profunda é maior: "a psique não está em nós; nós é que estamos na psique", portanto *in* expande-se à psique coletiva, à alma do mundo, porque é nela que vivemos nossas vidas, por isso somos afetados por tudo que acontece com todas as coisas.

Não será por meio de programas políticos, sociais, econômicos, ecológicos e tecnológicos que vamos alterar o planeta como o percebemos; "eles apenas reorganizam o que já está dado em novos padrões nos quais somos inseridos como observadores, forasteiros".

A proposta é nos deixarmos permear pelo senso de justiça, buscando o que a interioridade dos desarranjos de fora tem a nos dizer.

Capítulo 6

O RELATO MÍTICO

Partindo do pressuposto que a metáfora envolve a tensão entre significados ostensivamente compatíveis, refletindo que esta mesma profunda tensão encontra eco em nosso psiquismo, graças à misteriosa habilidade de enxergar o lado interior das coisas por meio de semelhanças e analogias – isso é como aquilo – podemos afirmar que há mais experiência no mundo do que imaginamos.

A partir da metáfora é possível falar em alma como o *a priori* de humores, reações, impulsos e de todas as espontaneidades psíquicas. Algo que vive por si e nos faz viver; uma vida por detrás da consciência, que nela não pode ser completamente integrada, mas da qual pelo contrário esta última emerge. Uma possibilidade imaginativa em nossa natureza, que reconhece todas as realidades como primariamente simbólicas ou metafóricas.

Também é seguindo esse trajeto que podemos falar em mito, não como parte de um passado morto, mas algo intensamente vivo nos sintomas, fantasias, construtos intelectuais, imaginação. Os mitos contêm a verdade da metáfora. Permitem-nos re-imaginar as imagens como revelações originárias da alma pré-consciente, pronunciamentos involuntários acerca do acontecimento anímico. Eles não só representam, mas também são a vida anímica. Muitos desses processos inconscientes podem ser gerados indiretamente por iniciativa da consciência, mas jamais por arbítrio consciente. Outros "parecem surgir espontaneamente, isto é, sem causas discerníveis e demonstráveis pela consciência".

No livro *Re-Visioning Psychology,* Hillman afirma que todas as coisas experimentadas miticamente assumem um sentido universal, pois apresentam as grandes ideias do destino humano como ações concretas: a metáfora mítica é a forma correta de se falar sobre os arquétipos porque, como os Deuses, eles não se fixam. Como os Deuses, eles não podem ser definidos a não ser através e por sua complicação uns com os outros.

Os mitos permitem ver o factual do ponto de vista arquetípico: ver por dentro, captando a fantasia e o potencial imaginal e significativo da associação de atitudes e comportamentos nos quais as situações chegaram. Podemos nos resignar diante da realidade cada vez mais ameaçadora ou investigar os mitos que retratam essas tendências doentias, na tentativa de alterar as consequências fatais que elas causam no mundo a nossa volta.

Como narrativas tradicionais da interação entre Deuses e homens, os relatos míticos estão intimamente relacionados ao nosso tema: eles oferecem a multiplicidade de sentidos inerente a nossas vidas e nos levam a uma perspectiva para além do pessoal, que fornece o pano de fundo para acompanhar tanto a relação do homem com o sofrimento da alma do mundo, quanto para confrontar os distúrbios sociais, a ética do privilégio e as experiências com o abuso e o desdém aos limites, instigando-nos a imaginar, questionar e aprofundar os acontecimentos sob um ponto de vista mais amplo. Portanto, perceber a realidade do mundo atual, com olhos míticos, ajuda a escutar suas demandas e observar em profundidade as imagens de suas histórias.

Sofia e a criação do mundo

Uma das versões do mito de Sofia (sabedoria) mostra essa Deusa como a mulher sempre fiel, que aguarda silenciosa pela renovação e regeneração do mundo material. No mundo arquetípico situa-se próxima da plenitude: olha para cima, vê uma luz radiante e se apaixona, buscando unir-se a ela. Cheia de desejo, fica desorientada e vê outra luz, desce em direção a ela através da terra, chegando ao reino do caos (a luz refletida) e descobre-se no exílio.

Ali molda os quatro elementos: terra, água, fogo e ar, e convive com o Demiurgo (entidade divina que ordena o universo físico), cujo anseio é um mundo chefiado por um ser com cara de leão e sede de poder. Um mundo com vasta fonte de recursos para serem usados na criação de mais poder e menos alma.

Sofia mantida no exílio

Diz o mito que por não abandonar este mundo Sofia é salva do caos e ascende novamente aos céus. Sem esquecer jamais sua fidelidade ao mundo material, ela se divide em dois seres: Sofia celestial – a Maria do mito cristão – e a Sofia da tradição bíblica.

Não são essas, entretanto, que nos interessam. Vou atrás da Sofia mantida no exílio. É com ela que quero buscar conexão, para acrescentar profundidade e imagem ao mundo material, por isso não busco redenção e ascensão, mas a localização de sua presença no mundo, mesmo onde a profundidade pareça mais improvável.

Interessa-me a magia dessa presença, sua flexibilidade, seu magnetismo, o poder do invisível, o poder da alma esperando para ser libertada no mundo. Sofia não oferece o remodelamento artificial do mundo, mas a sempre presente possibilidade de formação de uma consciência espiritual em conjunção com a alma do mundo.

Literalizações

Quando entramos no sentido interior do mundo, deixamos o eixo do espaço para entrar no eixo do movimento. Substantivo transformado em verbo. Mas ainda não é isso que vemos. Ao contrário: o desejo de visitar outros universos é literalizado em viagens espaciais; o anseio por conhecer outros lugares e culturas é satisfeito pela televisão; e a vontade de possuir outros mundos é traduzida em economia. Aí se encontra Sofia: no exílio!

Precisamos buscar novo significado para o mito, encontrando Sofia, por exemplo, nas cartas do tarô, como a Imperatriz, ou no surgimento do arco-íris, o acontecimento mágico, venerado no mundo egípcio com o nome de Isis. Quando Sofia não aparece, não significa que não esteja presente, mas simplesmente que está à espera, pois a magia necessita do consentimento humano para revelar-se.

Ela traduz o mundo como obra de arte, sem que a arte a afaste do intelecto ou a imaginação seja removida do pensamento; perceber os sentimentos do mundo por meio dos sentimentos que se tem do mundo. O que é dito, pensado, visualizado não tem o propósito de ser informativo, mas apresenta-se na alma a fim de ser compreendido.

O mundo está em nossas mentes não para curá-lo como se tivéssemos uma varinha mágica. Isso só estimula a ilusão mentirosa de que estamos no comando.

Poluição, devastação da terra e das florestas, chuva ácida, ataque cibernético, assédio virtual, sexo compulsivo, reaparecimento de doenças que julgávamos controladas, como febre amarela, sífilis, malária, e até mesmo o sarampo, quando voltam à consciência, geram o incômodo necessário e indispensável ao cultivo da alma.

Daí seria possível pensarmos em saídas desse exílio involuntário para adentrarmos em um território tão incômodo quanto, mas talvez o único capaz de apontar novas direções. Estou falando de nossa capacidade de intervir e provocar mudanças. É verdade que podemos sustentar a ilusão de um mundo literal estável. Mas também combinar a ansiedade de que amanhã poderá ser diferente, com a confiança de que está em nossas mãos a possibilidade de fazer todos os ajustes.

A justa medida e o equilíbrio

Pela tradição judaico-cristã a ideia da justa medida funda-se no reconhecimento do limite intransponível entre Criador e criatura. A criatura jamais será como Deus e a pretensão de nossos ancestrais no paraíso, que se imaginaram divinizados caso comessem do fruto proibido, fez com que ultrapassassem o limite imposto e, além de não se tornarem deuses, foram expulsos do Éden.

O mundo atual é regido pela competição, em detrimento da cooperação: trabalhar junto, lado a lado, compartilhar, estar solícito e atento às necessidades do outro é um paradigma a ser resgatado. Ele mostra a interdependência de todos com todos e com tudo.

Os limites não desapareceram apenas por terem sido esquecidos: tornaram-se inconscientes, exilados, mas continuam agindo sem nossa percepção consciente.

A justa medida é o ótimo relativo, o equilíbrio entre o mais e o menos. Se de um lado é sentida como um limite às nossas pretensões, gerando a vontade e o prazer de transgredir, de outro é vista como a capacidade de usar, de forma moderada, todos os recursos potenciais, com a finalidade de durarem mais.

Capítulo 7

PULSAÇÕES DE UMA LEITURA ALMADA

O poeta inglês John Keats descreve o mundo como o vale de fazer alma. E Hillman faz disso o mote do seu trabalho: um objeto presta testemunho de si mesmo na imagem que oferece e sua profundidade está na complexidade dessa imagem. Sua intencionalidade é substantiva, dada com sua realidade psíquica, reclamando, mas não exigindo nosso testemunho.

Cada evento em particular, incluindo os seres humanos com seus pensamentos, sentimentos e intenções invisíveis revela uma alma em seu aspecto imaginativo. Nossa subjetividade humana também aparece em nosso aspecto. A subjetividade aqui está livre da literalização da experiência reflexiva e de seu sujeito fictício, o ego. Em vez disso, cada objeto é um sujeito, e sua autorreflexão é sua auto exibição, seu brilho. Interioridade, subjetividade, profundidade psíquica – tudo ali e, portanto, também a psicopatologia. Mas não é tratando essa subjetividade como se fosse nossa que vamos poder entendê-la, pois, nesse caso estaríamos identificando-a apenas com a nossa própria experiência subjetiva.

Seguindo o caminho proposto por Henri Corbin – o grande estudioso da filosofia islâmica – cuja ideia é seguir o movimento do cérebro ao coração, teríamos acesso imediato à imaginação. Quando o cérebro é considerado o centro da consciência, procuramos localizações literais, ao passo que não podemos considerar o coração com o mesmo literalismo fisiológico. O movimento do coração já é um movimento de *poesis*: metafórico, psicológico.

Por esta outra via de leitura – com os olhos do coração – os fenômenos da alma individual e da alma do mundo nos despertam para uma nova sensibilidade. Recordo que esse entendimento sempre esteve presente em tudo que observo e as inquietações da alma das coisas sempre fizeram meu coração bater mais forte, só que essa consciência talvez tenha ficado mais clara com os anos vividos.

Esse pensamento por imagens seria o contato com o que é essencial – a imaginação. Revalorizar um poder que vem de *himma* ou *enthymesis* para os gregos, o estado proveniente do contato fervoroso com o *thymos*, onde se localiza a força vital da alma – uma inteligência palpitante que conjuga simultaneamente conhecimento e amor por meio da imaginação. Uma possibilidade que se cria entre a psique e o mundo.

Incertezas

Enveredo agora por um território ainda mais delicado e controverso: nossas doenças apontando as doenças na alma do mundo e a maneira como se expressam no corpo individual. O câncer que me surpreendeu no final de 2016 pode ser compreendido como sendo exatamente isso: a alma do mundo novamente se impondo a mim.

Apesar dos inegáveis avanços da medicina, sou testemunha de que não devemos lutar contra a doença e sim ativar nossas capacidades curativas para minimizar seus estragos. O próprio corpo trava uma batalha contra a doença, sem tentar a cura apenas com agentes externos, porque o corpo acaba produzindo outras doenças que podem ser entendidas como alterações ou desdobramentos da doença original.

Talvez, fazendo um exercício extremo de fé e esperança, pudéssemos pensar que os distúrbios que nos acometem, mais ou menos graves, não importa, são como psicoterapeutas engastados em nosso ser, nossos conselheiros constantes, nosso fiel guru, sempre disposto a dizer o que precisamos fazer na vida, o que nos falta e o que está em falta no mundo.

Meu câncer é o exemplo mais substancial e concreto do sofrimento que já pertencia ao corpo do mundo antes de referir-se ao meu próprio organismo.

Acreditar que a medicina irá conquistar a cura para o câncer leva-nos a minimizar a importância e até esquecer as condições do mundo que talvez estejam expressando e criando a doença: excesso de cimento, asfalto, revestimentos sintéticos em paredes e pisos, tubos de PVC, pneus, freios, aditivos na gasolina, pesticidas, garrafas plásticas e alguns hormônios sexuais artificiais – produtos químicos inorgânicos, que não pertencem à natureza e levam à proliferação de objetos produzidos em massa, numa escala desconhecida e aterrorizante.

Essas substâncias possuem uma espécie peculiar de imortalidade e, quando descartadas, não voltam ao pó, porque do pó não vieram. Vieram das indústrias químicas: são objetos massificados, em vez de individualizados.

O câncer conversa especialmente com esse tipo de sociedade, que privilegia a produção e o consumo de massa. Se observarmos o crescimento de um tumor, vemos o quanto estamos presos pelo mundo de objetos de massa. Uma massa maligna mostra forma, ou seja, um corpo tentando se materializar. E crescer. Mas não é incomum que essa massa se revele apenas quando já esteja instalada e não pare de conquistar mais espaço no corpo adoescente. Estranho o termo, não? Chamo de adoescente o corpo minado por uma doença, qualquer que seja ela, que se instala no organismo não sem antes ter dado sinais específicos, quase sempre ignorados: uma insônia persistente, sem causa evidente ou um cansaço que não vai embora, um tipo peculiar de fadiga, diferente da exaustão por excesso de trabalho e do cansaço por depressão. Assim aconteceu comigo.

O indivíduo estressado, que não percebe mais o corpo como um lar ou se sente oprimido pelas condições do espaço – seja ele doméstico ou profissional – pede um engajamento alerta com tudo que não seja natural no mundo; precisa sintonizar-se com o corpo que depende da imaginação como maneira de enfrentar a própria doença. Isso não quer dizer que se esteja contra os tratamentos convencionais, da cirurgia à radioterapia e quimioterapia, ou à combinação deles. Todos são tratamentos eficazes e necessários. Mas não são tudo, a ponto de nos levar a dispensar as forças espirituais que gradativamente podem regenerar a alma. É só deixar que se manifestem, ter sensibilidade para percebê-las e dar-lhes espaço.

Todos os tratamentos – alternativos ou não, mais ou menos invasivos – fazem uma aliança secreta com a prática médica convencional. Pude sentir o momento em que algo diferente passou a acontecer. Um ligeiro desequilíbrio. Um não caber mais nos locais onde eu estava. Faltava-me ar, faltava-me o indispensável à regeneração. Foi quando percebi, parafraseando Paracelso, que "o medo da doença era mais perigoso do que a própria doença". No entendimento de Paracelso, a medicina teria origem divina e o médico, enquanto sacerdote, compreendia o processo saúde/doença por meio de reações químicas no organismo, sendo a cura inerente ao adoecimento. Uma compreensão alquímica que o aproximava do universo neoplatônico. Argumentava que tudo que existia no homem – microcosmo – era um reflexo do que existia no universo, o macrocosmo: natureza e homem como reflexo e emanação de um Deus.

Posso assegurar que não tive nem mais nem menos medo que qualquer pessoa teria diante de situação similar. E também não me furtei à oportunidade de aprender com este medo, porque ele não me prostrou, acreditei que deveria (podia e queria) enfrentá-lo como potência criativa: uma abertura para o caos, para o incontrolável, para a dor, mas também para a alegria de uma nova saúde. Saí vitoriosa.

Capítulo 8

CONSIDERAÇÕES FINAIS

Essas constatações me levam a reforçar a ideia de dissolver o modelo tradicional, sem romper ou diminuir sua validade, e abrir a terapia também para o mundo, pois se tivermos uma escuta e um olhar psicológicos para o mundo, incluindo-o no nosso trabalho psicoterapêutico, nosso campo não se estreitaria numa especialidade, mas o mundo todo poderia ser beneficiado.

Fazer essa observação pelas lentes da metáfora, mesclando as propostas da psicologia analítica com os pressupostos da corrente arquetípica se justifica, pois permite buscar, ainda, a interioridade nos fenômenos de fora. Se a psicologia é o estudo da alma, e se os limites da alma são de um potencial incomensurável, a psicologia se funde compulsoriamente com as questões da *anima mundi*, por seus efeitos nas desordens humanas.

A alma do mundo sofre pela falta de justiça, uma expressão emocional instantaneamente reconhecida, não apenas entre os humanos. É na raiz etimológica desta palavra, que vem do sânscrito *jus, justum, justicia,* e significa ligar (*jun, jungere)* ou *jous,* do védico *yós,* cujo caráter religioso nos leva aos conceitos de acolher, favorecer e propiciar segundo o querer divino, que podemos oferecer um pouco de alívio ao sofrimento do mundo.

A justiça é um bem universal de força arquetípica.

Justo é aquilo que cabe – o lugar de cada ser, de cada coisa no cosmo. Como um dos valores universais nos quais as comunidades culturais e a dignidade humana se apoiam e desejam cultivar, a justiça dá um universo moral à psique, reconhecendo a desesperança, o infortúnio, a violência e o sofrimento para tentar dar-lhes o seu lugar de direito.

Ao lado da beleza e do destino, a justiça transforma a psicologia no estudo das formas de todos os fenômenos, limitando e garantindo, portanto, seu lugar no mundo. Ela é tanto o princípio regulador das sociedades quanto do mundo natural, formulado pelas leis da natureza.

Ao senso de injustiça reagimos com o sentimento de que algo está errado, não apenas no que se refere à nossa condição pessoal, mas ao mundo em geral. É com a justiça que criamos a consciência dos limites, a necessidade de autolimitação e a busca da justa medida, aspectos tão negligenciados atualmente. Aspectos exilados e, por isso, fontes de entendimento.

Contei com a esperteza de Hermes, o deus das conexões, trapaças e negociações, para me acompanhar durante todo esse percurso. Sua presença tornou possível o diálogo entre o divino e o humano, pois é ela que nos introduz no universo da alma, que afeta e é afetada pelo modo de vermos as coisas.

Empatia com o mundo visível

Resgatar as singularidades dos fenômenos do mundo na sua forma visível, para acolher seu sofrimento e construir com ele a mesma empatia que permite cultivar minha alma e a alma de cada um dos meus pacientes, é corroborado por mais esse pensamento arquetípico: o mundo se revela em formatos, cores, atmosferas, texturas – uma exposição de formas que se auto apresentam.

Todas as coisas exibem rostos, o mundo não é apenas uma assinatura codificada para ser decifrada em busca do significado, mas uma fisionomia para ser encarada. Como formas expressivas, as coisas falam: mostram as configurações que assumem.

Elas se anunciam, reclamam por atenção, quase que falando: olhem estamos aqui!

Assim, a *anima mundi*, a alma do mundo mostra seu sofrimento. Observa-nos independente do modo como a observamos, independente de nossas perspectivas, do que pretendemos com ela e de como a utilizamos. A súbita iluminação do objeto não depende de sua parte formal e estética que o faz belo ou feio, mas sim dos movimentos da alma do mundo, animando suas imagens e afetando a imaginação.

É exatamente isso que traduz o mundo almado: o reconhecimento imaginativo de que, ao recontar nossa história e retomar o simples ato infantil de imaginar o mundo que nos rodeia, favorecemos o movimento que faz com que a alma dos objetos e a alma dos acontecimentos se unam à nossa.

Animamos o mundo e devolvemos a ele as peculiaridades e inquietações de sua alma.

Ao pensar poeticamente sobre nossa vida, sobre as questões da humanidade que nos inquietam, sobre os rumos para os quais direcionamos nossa ação, sobre nosso sofrimento e o sofrimento do mundo, acionamos recursos plenos de alma.

E se a apreensão desses recursos se der pelas lentes da metáfora e do devaneio, vamos perceber que há um Deus em cada posição que assumimos, em cada imagem que povoa nossa imaginação. Imagens que não são apenas representações de objetos e situações que pedem para ser vistos, mas formas com as quais, por analogia, se torna possível enxergar através.

REFERÊNCIAS BIBLIOGRÁFICAS

AVENS, Robert (1993). *Imaginação é Realidade*. Petrópolis: Editora Vozes.

BANDEIRA, Manuel (1993). *Estrela da Vida Inteira*. Rio de Janeiro: Editora Nova Fronteira, 20ª edição.

BRANDÃO, Junito de Souza (1986). *Mitologia Grega*. Petrópolis: Editora Vozes, 2ª ed., v.1.

EDINGER, Edward (2003). *A Psique na Antiguidade. Livro Um*. São Paulo: Editora Colares, 8ª edição.

ÉSQUILO. *Prometeu Acorrentado*. Rio de Janeiro: Ediouro.

GUGGENBÜHL-CRAIG, Adolph (1998). *Do Lado Avesso – Uma Abordagem Paradoxal em Psicologia*. Editora Corsária.

HILLMAN, James (1975). *Re-Visioning Psychology*. New York: HarperCollins Publishers.

____ (1981). *Estudos de Psicologia Arquetípica*. Rio de Janeiro: Editora Achiamé.

____ (1984). *O Mito da Análise*. Rio de Janeiro: Editora Paz e Terra.

____ (1991). *Psicologia Arquetípica*. São Paulo: Editora Cultrix/Pensamento.

____ (1993). *Cidade & Alma*. São Paulo: Studio Nobel.

____ (1994). "Psychology, Self and Community". Em: *Resurgence* n° 166.

____ (1995). "A Psyque the Size of the Earth". Em: *Ecopsychology: Restoring the Earth, Healing the Mind,* Eds. T Rosnak, M.E. Gomes, A.D. Kanner. San Francisco: Sierra Books.

____ (1997). *Encarando os Deuses*. São Paulo: EditoraCultrix/Pensamento.

____ (1997). *The Thought of the Heart and Soul of the World*. 3th printing, Connecticut: Spring Publications.

____ (1998). *In. Spring* n°63, California: Pacifica Graduate Institute.

____ (2000). "Laying the Table". Em: *Psychology at the Threshold.* California: Pacifica Graduate Institute.

____ (2001). *Tipos de Poder.* São Paulo: Editora Axis Mundi.

HOUAISS, Antônio (2003). *Dicionário Houaiss de Sinônimos e Antônimos.* Rio de Janeiro: Editora Objetiva.

JUNG, Carl Gustav (2018). 24ª Edição. *O Eu e o Inconsciente.* Petrópolis: Editora Vozes

__________(1986). *A dinâmica do inconsciente.* Petrópolis: Editora Vozes

________(2017). *Os Arquétipos e o Inconsciente Coletivo.*11ª Edição. Petrópolis: Editora Vozes

_________(2017) *Psicologia da Religião Ocidental e Oriental.*11ª Edição. Petrópolis: Editora Vozes

_________(2018). *Estudos Alquímicos.*4ª Edição. Petrópolis: Editora Vozes

_________(2017). *Psicologia e Alquimia.*6ª Edição. Petrópolis: Editora Vozes

________(2017) *A prática da Psicoterapia.* 16ª Edição. Petrópolis: Editora Vozes

________(1975). *Memórias Sonhos e Reflexões.* Rio de Janeiro: Editora Nova Fronteira, 13ª edição.

LÓPEZ-PEDRAZA, Rafael (1997). *Ansiedade Cultural.* São Paulo: Editora Paulus.

________ (1999). *Hermes e Seus Filhos.* São Paulo: Editora Paulus.

SARDELLO, Robert (1997). *No Mundo com Alma.* São Paulo: Editora Agora.

ZOIA, Luigi (2001). *Os dois lados do Atlântico. In: Manhã de Setembro.* São Paulo: Editora Axis Mundi.

WHITMONT, Edward C (1995). *A Busca do Símbolo*, São Paulo: Editora Cultrix.

Jornais:

DAMATTA, Roberto (2003). *O Grande País dos Gordos e seus Estilos.* São Paulo: O Estado de São Paulo, novembro.

Endereços eletrônicos:

BOFF, Leonardo. *A Justa Medida que nos Falta*. Disponível em:

www.adital.org.br/site/notícias/7289.asp?cod=72898&lanf=pt.

Acesso em: 04.2004

DINIS, Denise Scofano. *A Ciência das Doenças e a Arte de Curar: Tragetórias*

Da Medicina Hipocrática. Disponível em:

www.cesaho.com.br/biblioteca_virtual/arquivos/arquivo_185_cesaho.pdf

Acesso em: 07.2016

MITOLOGIA GREGA. Disponível em:

www.solonosotras.com/archivo/25/cult-mitol-120602.htm.

Acesso em: 06.2003.

KAKUMOTO, Gelse Yuri (2005).

Confissões urbanas: cultivo da alma da cidade. Disponível em: www.symbolon.com.br/monografias/confissoes-urbanas-cultivo-alma.doc.

Acesso em: 01.2018

Publicações independentes:

AMIGOS DA PSICOLOGIA ARQUETÍPICA (2001). *O Arquétipo Fraterno*, São Francisco Xavier.

DIRETORIA DA AJB 2017 - 2019

Presidente:
José Jorge de Morais Zacharias
Diretora Administrativa:
Rosa Maria Brizola Felizardo
Diretora Financeira:
Daniela Gauzzi Carneiro Nogueira
Diretor de Ensino:
Alessandro Caldonazzo Gomes
Diretora de Comunicação: Cláudia Brasil
Assistente de Comunicação: Rejane Natel

DEPARTAMENTO DE PUBLICAÇÃO DA AJB:
Coordenador: Humbertho Oliveira
Conselheiros Editoriais:
Gelson Luis Roberto, Gustavo Barcelos,
José Jorge de Morais Zacharias,
Joyce Werres e Walter Boechat

Outras publicações:

Coleção Simplificando

· *Os Tipos Psicológicos Jungianos*

(José Jorge De Morais Zacharias)

A Sombra nas Artes, nos Contos e nos Mitos

A caminho da Individuação (Vera Lúcia Gava)

Coleção Mitologia *(Viktor D. Salis)*

· *Édipo: messias ou complexo?*

· *O casamento de Eros e Psiquê: a arte do encontro*

· *Educação através da mitologia grega: para formar jovens éticos e criadores*

· *A criação segundo a tradição grega*

· *Paideia nos 12 trabalhos de Hércules*

· *Ócio criador x ganância: razões milenares para nossa crise ética e econômica*

(Viktor D. Salis e Dado Salem)

SATTVA EDITORA

contato@sattvaeditora.com.br

www.sattvaeditora.com.br